Sicurezza 2.3

di Raffaele Olla

ISBN 9798852869753

l'Universale

Ai miei tesori K ed A.

L'autore

Raffaele Olla, laurea in scienze politiche e relazioni internazionali, master universitari di primo e secondo livello con specializzazioni in criminologia e sicurezza-difesa.
Già Professore universitario a contratto, riserva dell'EI ed Ufficiale del Corpo Militare Volontario CRI.

Sommario

Introduzione

Il presente lavoro nasce con l'obiettivo di far luce sulle complesse dinamiche che agitano lo scenario geopolitico globale e che, di conseguenza, si riflettono sul piano della sicurezza nazionale ed internazionale. Nello scenario internazionale, come avremo modo di constatare, la prima grande minaccia alla sicurezza è data dall'uso delle armi di distruzione di massa, le quali, pur essendo state rese illegali, continuano ad essere oggetto di perfezionamento da parte di Paesi che intendono tenere sotto "scacco" il mondo proprio attraverso la minaccia nucleare. Lo scenario nazionale è invece minacciato da diversi fenomeni, da quello del terrorismo a quello della criminalità organizzata, fino a giungere a quello della tratta degli esseri umani e dell'immigrazione illegale.

Se si parla di sicurezza nazionale non si può però non parlare anche di sicurezza economica, questa intesa come capacità dell'economia di uno Stato di raggiungere una crescita economica relativamente rapida e sostenibile e creare le condizioni favorevoli per aumentare il livello di benessere dei cittadini. A tal riguardo, la Cina, con la sua *Belt and Road Initiative*, ha posto le relazioni economiche con i Paesi che si trovano lungo la Nuova Via della Seta alla base della sua strategia di sicurezza economica.

Rinviando al prosieguo del lavoro la più dettagliata disamina delle questioni, ci preme qui anticipare che i tre capitoli che lo compongono saranno rispettivamente incentrati sulle seguenti tematiche: il primo capitolo verterà sulle minacce alla sicurezza internazionale e alle conseguenti azioni volte a contrastarle; il secondo capitolo sarà incentrato sul concetto di sicurezza economica, sulla disamina della Belt and Roas Initivative cinese in quanto strumento chiave per la strategia di sicurezza economica e sul tipo di relazione intercorrente tra UE e Cina prima e dopo le Vie della Seta; il terzo capitolo, infine, avrà come focus la disamina di quelle che sono le più recenti minacce alla sicurezza nazionale, ovvero la tratta di esseri umani e l'immigrazione illegale, la prima concreta e reale, la seconda astratta e talvolta dipendente dalla capacità di uno Stato di reagire ad essa.

CAPITOLO I

EVENTI NBCR, ARMI DI DISTRUZIONE DI MASSA E STRATEGIE PER CONTRASTARE ATTIVITÀ CHE MINACCIANO LA SICUREZZA INTERNAZIONALE

Gli eventi di NBCR: normativa italiana

La sigla NBCR è l'abbreviazione di Nucleare, Biologico, Chimico, Radiologico[1]. Le cause che risiedono alla base dei rischi e dei pericoli di eventi NBCR riguardano, dunque, agenti Nucleari, Radiologici, Biologici o Chimici dai quali potrebbero derivare ingenti danni alle persone, alla flora ed alla fauna[2]. Tali eventi possono essere dipendenti dall'uomo (es. errori umani nella manipolazione o nello stoccaggio dei materiali, attacchi terroristici, etc.) oppure non dipendenti dall'uomo (es. terremoti, alluvioni, etc. quali causa di lesioni a strutture che producono, manipolano o custodiscono le sostanze)[3].

Dagli eventi di matrice NBCR possono derivare importanti e gravi conseguenze, specialmente laddove dovessero manifestarsi in zone affollate, ambienti chiusi, edifici pubblici, e così via, oppure nei casi in cui

---

[1] SAN GIORGIO P., MILLENIUM C., *Cbrn. Surviving Chemical, Biological, Radiological & Nuclear Events*, <u>Arktos Media Limited</u>, London, 2020, pp. 12 ss.

[2] AA.VV., *Chemical, Biological, Radiological, and Nuclear (CBRN) Respiratory Protection Handbook*, <u>Centers for Disease Control and Prevention, National Institute for Occupational Health and Safety</u>, 2018, p. 28.

[3] *Ibidem.*

dagli stessi derivi la contaminazione d'aria, alimenti, acqua e terreno.

Gli eventi NBCR rientrano tra i compiti istituzionali affidati al Corpo Nazionale dei Vigili del Fuoco (CNVVF) nello specifico nell'ambito del soccorso tecnico urgente e della difesa civile.

Il quadro normativo da cui si rinviene l'attribuzione di tale competenza al CNVVF è rappresentato, in primo luogo, dalla legge 469/1961, il cui art. 1 (poi abrogato dal D. Lgs. n. 139/2006) stabiliva che "Sono attribuiti al Ministero dell'interno "[…] i servizi tecnici per la tutela della incolumità delle persone e la preservazione dei beni anche dai pericoli derivanti dall'impiego dell'energia nucleare".

Altra importante fonte normativa è costituita dall'art. 14 del D.lgs. 300/1999, nell'ambito del quale si legge che spettano al Ministero dell'Interno le competenze in materia di Difesa Civile.

L'attenzione del legislatore degli anni Sessanta verso la questione derivava, senza dubbio, dall'enfasi posta sul rischio nucleare-radiologico derivante dalla Guerra Fredda.

Quest'attenzione, con il passare del tempo, condusse verso la previsione di specifici programmi di addestramento destinati ai soli funzionari del Corpo Nazionale, in collaborazione con le Forze Armate. Pertanto, nel settore del nucleare-radiologico la competenza era limitata a poche persone, con la previsione di nuclei specifici e specialistici nelle città di Roma, Milano e Venezia.

In concomitanza a ciò, nell'ambito delle attività di soccorso tecnico urgente furono previsti anche gli interventi convenzionali nel settore chimico e petrolchimico (CRRC); due casi in cui fu possibile comprendere la portata e la rilevanza della risposta da parte del CNVVF riguardarono l'episodio di Seveso e l'incendio al deposito di idrocarburi di Napoli; in seguito a tali eventi, anche la normativa comunitaria iniziò ad occuparsi della questione, introducendo specifiche norme in materia di attività a rischio di incidente rilevante (RIR)[4].

Con gli avvenimenti storici che hanno caratterizzato gli ultimi anni del Novecento, come ad esempio il graduale crollo dell'URSS e della sua capacità di con-

---

[4] Si veda la Direttiva 2012/18/UE del Parlamento Europeo e del Consiglio del 4 luglio 2012 sul controllo del pericolo di incidenti rilevanti connessi con sostanze pericolose, recante modifica e successiva abrogazione della direttiva 96/82/CE del Consiglio, in *Gazzetta Ufficiale dell'Unione europea* del 24 luglio 2012, n. L 197/1. Tale provvedimento ha sostituito le precedenti direttive 96/82/CE e 2003/105/CE.

trollare gli arsenali nucleari, oppure l'emergere dei diversi nuclei terroristici forti di significativi sostegni finanziari, ha fatto riemergere la problematica legata all'utilizzo non convenzionale di agenti biologici, nucleari-radiologici e chimici.

Il Governo ed il Ministro dell'Interno hanno avvertito l'esigenza di migliorare la propria capacità di risposta da parte del CNVVF innanzi al rischio di NBCR. Tale esigenza è stata formalizzata attraverso la Circolare emessa il 22 maggio 2002[5], nonché mediante la nomina di un Gruppo di Studio incaricato di approfondire le tematiche inerenti il modello organizzativo, le dotazioni, la formazione e le procedure di intervento. Inoltre, per conoscere appieno tale tipo di emergenza, l'ISPRA, in collaborazione con l'ARPAT, ha redatto e pubblicato il documento *"Buone prassi per la tutela della salute e della sicurezza degli operatori del Sistema Agenziale impegnati nelle emergenze di origine naturale e/o antropica"*[6], nel quale si è provveduto a definire il contenuto

---

[5] Circolare 22 maggio 2002, n. 6 prot. n. EM 2052/24205.

[6] ISPRA, ARPAT, *Buone prassi per la tutela della salute e della sicurezza degli operatori del Sistema Agenziale impegnati nelle emergenze di origine naturale e/o antropica*, 2012, consultabile sul sito internet https://www.isprambiente.gov.it/files/pubblicazioni/manuali-lineeguida/Buone_prassi_impaginato.pdf

dei piani di emergenza e l'iter di autorizzazione necessario ai fini della compilazione ed approvazione degli stessi[7].

---

[7] MACCARELLI M., D.*Lgs. 230/1995 Radiazioni ionizzanti*, Certifico S.r.l., Milano, 2019.

Linee di intervento per prevenire, attenuare le conseguenze e gestire le emergenze NBCR

Per tracciare qualche riflessione circa le probabili azioni di intervento necessarie per affrontare le emergenze NBCR occorre essere pienamente consapevoli della potenziale gravità delle stesse. A tal riguardo è doveroso tener conto di due aspetti fondamentali[8].

Il primo concerne il riconoscimento dell'emergenza NBCR, che potrebbe avvenire anche tardivamente, dal momento che i sintomi della stessa possono anche essere non immediatamente riconosciuti. A tal riguardo, si sottolinea che la problematica in questione potrebbe essere, seppur in parte, limitata mediante un'adeguata formazione degli operatori addetti ai primi soccorsi e tramite l'instaurazione di una rete informativa che permetta di allarmare tempestivamente le strutture interessate.

Il secondo concerne le questioni di diversa natura (politica, giuridica e operativa) scaturenti dalla necessità di confinare in maniera tempestiva l'area nella quale si è verificato l'evento NBCR.

---

[8] TOSERONI F., *Protezione e difesa civile. Storia, organizzazione, pianificazione ed analisi delle minacce future*, EPC, Milano, 2009, pp. 81 ss.

In merito, sarebbe necessario procedere con una chiara definizione delle autorità politiche a cui spetta la decisione, tenendo sempre in stretta considerazione che un ruolo fondamentale è svolto, anche in tal caso, dalla tempestività; l'autorità individuata, tra l'altro, è tenuta ad indicare le regole da adottare. Sotto il profilo giuridico, sarebbe necessario, invece, limitare la libertà di movimento dei cittadini, se necessario anche con l'uso della forza[9]. Sotto il profilo operativo, invece, la questione ruota attorno alla preparazione ed alla formazione delle Forze di polizia, in concorso con le Forze Armate, le quali hanno il compito di vigilare sul rispetto dello stato di quarantena dell'area contaminata[10].

L'emergenza NBCR si caratterizza per la scarsa conoscenza da parte della popolazione del rischio sotteso, nonché per la paura legata ad una minaccia non visibile e dalla quale, proprio per tale ragione, risulta più difficile difendersi. Pertanto, buona parte dei risultati dipende dal modo in cui vengono gestite le informazioni.

---

[9] *Ibidem.*

[10] BONFANTI M.E., *La risposta a minacce di natura NBCR in Italia: norme, istituzioni e prospettive di sviluppo*, in *Federalismi.it*, 2015.

Sulla scia di ciò, la risposta in caso di minaccia o di emergenza NBCR dovrebbe essere tale da investire più direzioni:

livello giuridico, prevedendo strumenti idonei per gestire l'informazione in una situazione di emergenza;

livello operativo, addestrando gli addetti a non rilasciare alcuna informazione ed incentivarli ad implementare le soluzioni tecniche essenziali per impedire le riprese televisive;

livello di rapporti con i mass-media, coinvolgendo, ad esempio, direttori e giornalisti nella messa a punto di un Codice di condotta volontario per la gestione delle informazioni in presenza di un'emergenza NBCR.

Sarebbe auspicabile, inoltre, che la struttura per la gestione delle emergenze NBCR abbia un vertice comune in grado di far fronte a qualsiasi evento.

La minaccia delle armi di distruzione di massa

La diffusione delle armi di distruzione di massa rappresenta un'oggettiva minaccia per la pace, la sicurezza internazionale e la sopravvivenza dell'intera umanità.

Il concetto di arma di distruzione di massa è riconducibile ad una tipologia di arma in grado di uccidere indiscriminatamente una grande quantità di esseri viventi e provocare danni irreversibili all'ecosistema nel raggio di centinaia di Km[11].

Messe a punto a partire dalla prima metà dello scorso secolo, le armi di distruzione di massa possono presentarsi sotto forma di ordigno bellico o virus. Sebbene si sia parlato per la prima volta di arma di distruzione di massa a seguito del bombardamento di Guernica durante la guerra civile spagnola (1937), si dovrà

---

[11] TERZOLO E.R., CARACCIOLO L., *Armi di distruzione di massa. Che cosa sono, dove sono e perché*, Riuniti, Roma, 2007, p. 3.

attendere il secondo dopoguerra per assistere all'associazione del termine alle armi nucleari e batteriologiche[12].

Considerato l'elevato rischio che le organizzazioni terroristiche possano acquisire materiali chimici, biologici, radiologici o fissili per minacciare la pace internazionale, l'Unione Europea prima e le Nazioni Unite poi, hanno invitato gli stati ad impegnarsi per impedire la proliferazione delle armi di distruzione di massa.

---

[12] CRODDY E. A., WIRTZ J.J., LARSEN J.A., *Weapons of Mass Destruction. The Essential Reference Guide*, ABC-CLIO, New York, 2018, p. 14.

Il Trattato TPNW

Le armi nucleari minacciano l'esistenza dell'umanità, ragion per cui esse, dopo essere state definite immorali e illegittime, sono state altresì classificate come illegali. È col Trattato sulla Proibizione delle Armi Nucleari (TPNW), questo entrato in vigore il 22 gennaio 2021, che le armi nucleari sono state ufficialmente messe al bando[13].

Con la messa al bando di suddette armi, il Trattato in questione ha di fatto proibito agli Stati di sviluppare, testare, produrre, realizzare, trasferire, possedere, immagazzinare, usare o minacciare di usare gli armamenti nucleari.

Le 122 Nazioni che hanno aderito al Trattato e che possiedono un armamento nucleare devono quindi impegnarsi a distruggerlo, mentre, quelle che ospitano armi nucleari alleate sul proprio territorio dovranno rimuoverle entro una data limite stabilita.

---

[13] DEIANA G., *Terra perduta, Terra ritrovata. Una costituzione mondiale per l'uomo planetario: il punto di svolta per il futuro dell'umanità e di tutti i viventi*, Mimesis, Milano, 2022, p. 230.
20

Contrasto alle attività di Paesi che minacciano la sicurezza internazionale

Le attività di arricchimento nucleare costituiscono una grave minaccia per la pace e a sicurezza internazionale. Alla stregua di ciò, la Comunità internazionale ha provveduto nel tempo a dotarsi di una seri di strumenti volti a contrastare sia gli esponenti dei regimi che perpetrano gravi violazioni dei diritti umani e delle libertà fondamentali, sia l'attività dei Paesi che minacciano la pace e la stabilità mondiale, ad esempio mediante lo sviluppo di programmi nucleari non autorizzati.

In riferimento a quest'ultimo punto, si sottolinea che il Consiglio di Sicurezza, mediante Risoluzione n. 1540/2004, ha adottato una serie di misure specifiche, nei confronti soprattutto di Iran e Corea del Nord, volte a definire, da un lato, un sistema di controllo sulle esportazioni di prodotti e tecnologie suscettibili ad utilizzo militare (*dual use*), dall'altro, una serie di restrizioni di carattere finanziario nei confronti delle entità coinvolte in attività sensibili[14].

---

[14] Per un approfondimento si veda: LAVALLE R., *A Novel, if Awkward Exercise in International Law-Making: Security Council Resolution 1540 (2004)*, in *NILR*, 2004.

Le iniziative prese nei confronti dell'Iran sono contenute nelle Risoluzioni nn. 1696/2006 e 1737/2006, queste contenenti una serie di misure che, in risposta al proseguimento del programma di proliferazione da parte del governo iraniano, sono state progressivamente inasprite mediante le Risoluzioni nn. 1747/2007, 1803/2008 e 1929/2010. Buona parte delle misure restrittive previste nelle citate Risoluzioni sono decadute a seguito dell'impegno assunto dall'Iran nel luglio 2015 di adottare un programma di iniziative (*Joint Comprehensive Plan of Action – JCPOA*) volte alla limitazione del programma nucleare[15].

Le prime iniziative nei confronti della Corea del Nord sono state frutto della crescita delle attività di sviluppo dei programmi nucleari da parte del regime. La Risoluzione n. 1695/2006, la prima adottata, ha subito un progressivo rafforzamento nel corso degli anni, il tutto mediante le Risoluzioni nn. 1874/2009, 2087/2013, 2094/2013, 2270/2016, 2321/2016, 2356/2017,2371/2017. L'inasprimento ha visto l'introduzione di forti restrizioni sia di natura commerciale che finanziaria.

L'Unione Europea, in attuazione delle risoluzioni dell'ONU e alla luce delle decisioni di politica estera di sicurezza comune (PESC) ha emanato una serie di regolamenti recanti misure restrittive nei confronti dei

---

[15] CONSIGLIO DI SICUREZZA DELLE NAZIONI UNITE, *Joint Comprehensive Plan of Action, Vienna*, 14 luglio 2015.

regimi coinvolti in gravi violazioni dei diritti umani e dei Paesi coinvolti nello sviluppo di programmi di arricchimento nucleare non autorizzati. Per quanto concerne l'Iran, il regolamento di cui far menzione è certamente il vigente Regolamento n. 267/2012[16], per mezzo del quale si sono consolidate tutte le misure previste nei precedenti regolamenti (es. Regolamenti nn. 423/2007[17] e 961/2010[18]), mentre, per quanto concerne la Corea del Nord, il regolamento di cui tener conto è il Regolamento n. 1509/2017[19], al quale si deve il consolidamento delle misure di congelamento e di controllo

---

[16] CONSIGLIO DELL'UNIONE EUROPEA, *Regolamento (UE) n. 267/2012 del Consiglio del 23 marzo 2012 concernente misure restrittive nei confronti dell'Iran e che abroga il Regolamento (UE) n. 961/2010*, in Gazzetta Ufficiale dell'Unione Europea del 24 marzo 2012.

[17] CONSIGLIO DELL'UNIONE EUROPEA, *Regolamento (CE) n. 423/2007 del Consiglio del 19 aprile 2007 concernente misure restrittive nei confronti dell'Iran*, in Gazzetta Ufficiale dell'Unione Europea del 20 aprile 2007.

[18] CONSIGLIO DELL'UNIONE EUROPEA, *Regolamento (UE) n. 961/2010 del Consiglio del 25 ottobre 2010 concernente misure restrittive nei confronti dell'Iran e che abroga il regolamento (CE) n. 423/2007*, in Gazzetta Ufficiale dell'Unione Europea del 27 ottobre 2010.

[19] CONSIGLIO DELL'UNIONE EUROPEA, *Regolamento (UE) 2017/15019 del Consiglio del 30 agosto 2017 relativo a misure restrittive nei confronti della Repubblica democratica di Corea*

delle esportazioni previste dal precedente Regolamento UE n. 329/2007[20].

e che abroga il regolamento (CE) n. 329/2007, in *Gazzetta Ufficiale dell'Unione Europea* del 31 agosto 2017.

[20] CONSIGLIO DELL'UNIONE EUROPEA, *Regolamento (CE) n. 329/2007 del Consiglio del 27 marzo 2007 relativo a misure restrittive nei confronti della repubblica democratica popolare di Corea*, in *Gazzetta Ufficiale dell'Unione Europea* del 29 marzo 2007.

CAPITOLO II

LA SICUREZZA ECONOMICA: *BELT AND ROAD INITIATIVE* CINESE ED OPPORTUNITÀ PER L'EUROPA

La sicurezza economica

La sicurezza economica di uno Stato è uno degli elementi principali del sistema di sicurezza nazionale. Divenuto rilevante a seguito della crisi economica globale del 2008, il concetto di sicurezza economica può essere definito come la capacità dell'economia di uno Stato di raggiungere una crescita economica relativamente rapida e sostenibile e di creare le condizioni favorevoli per aumentare il livello di benessere ampiamente inteso dei cittadini in condizioni di libero scambio e libera circolazione dei fattori di produzione (in particolare il capitale sotto forma di investimenti esterni diretti)[21].

La possibilità di raggiungere l'auspicato status di sicurezza economica di un paese dovrebbe essere vista principalmente nei punti di forza interni e in una politica economica perseguita con coerenza e saggezza. Tuttavia, va notato che il livello di sicurezza economica non è stabile ed è probabile che cambi. Pertanto, solo la capacità di utilizzare i punti di forza dell'economia e le opportunità esterne, affrontando allo stesso tempo le

---

[21] BUZAN B., *New Patterns of Global Security in the Twenty-First Century*, in *International Affairs*, 67(3), 1991, 152-159.

debolezze e le minacce provenienti dal contesto internazionale, garantirà la sicurezza economica in una prospettiva di lungo periodo.

La sicurezza economica dello Stato è una questione complessa e multidimensionale. Comprende varie questioni che sono essenziali per lo sviluppo economico e per l'esistenza di uno Stato. Pertanto, dovrebbe essere analizzato non solo da un punto di vista economico ma anche da una prospettiva politica, legale, militare, demografica, sociale, tecnologica e ambientale[22]. Poiché la sicurezza economica include molte componenti, la sua misurazione è una questione complessa. Inoltre, si riferisce non solo a situazioni attuali ma anche a situazioni future, rendendo molto più difficile la sua misurazione.

---

[22] REZNIKOVA N., *Ecological imperatives for extension of globalization processes: problem of economic security*, in *Інвестиції: практика та досвід*, 21, 2016.

La *Belt and Road Initiative* cinese come strumento chiave per la strategia di sicurezza economica

Il concetto della Nuova Via della Seta è stato proposto nel 2013 dal presidente della Cina Xi Jinping. L'obiettivo principale dell'iniziativa è creare una rete di corridoi di trasporto terrestri (la Cintura economica della Via della seta) e marittimi (la Via della seta marittima del XXI secolo) che colleghino la Cina con tutti i paesi dell'Asia, dell'Europa e dell'Africa disposti a partecipare il progetto. All'inizio, la Cina non ha indicato il quadro geografico del progetto e non ha fornito alcun piano concreto dei percorsi, sottolineando allo stesso tempo che la cooperazione nell'ammodernamento dell'infrastruttura esistente e la costruzione di una nuova infrastruttura consentirà l'intensificazione delle relazioni economiche e della crescita economica di tutti i Paesi che si trovano lungo la Nuova Via della Seta[23].

Dalla mappa pubblicata sul sito ufficiale dell'agenzia di stampa cinese Xinhua (Fig. 1) sembra che il progetto Belt and Road possa coprire decine di Paesi.

Fig. 1 - *Mappa del progetto Belt and Road*

---

[23] *China's Initiatives on Building Silk Road Economic Belt and 21-Century Maritime Silk Road*, Xinhua News Agency, 2015.

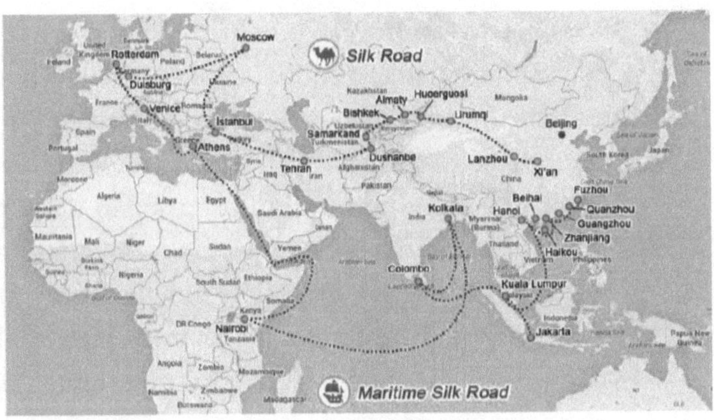

Fonte: *China's Initiatives on Building Silk Road Economic Belt and 21-Century Maritime Silk Road*, 2015.

La versione presentata del percorso mostra una variante del tratto terrestre e una variante del tratto marittimo, che si fondono tra loro nel Nord Italia. Tuttavia, va sottolineato che si tratta di una grande semplificazione, perché in realtà il concetto di Nuova Via della Seta non significa la creazione di un percorso specifico dal punto A al punto B, ma la rete di rotte commerciali costituita da diverse opzioni complementari.

L'iniziativa è aperta e può aderirvi qualsiasi Stato che esprima la volontà e la disponibilità a collaborare all'attuazione degli obiettivi. La Cina ha invitato tutti i paesi a unirsi alla cooperazione e ha atteso proposte da potenziali partner.

Questo approccio sembra ragionevole perché i paesi interessati alla cooperazione sono in grado di preparare un progetto internamente coerente e integrato con la rete di trasporto dei vicini[24]. Va sottolineato che la BRI ha ricevuto un grande sostegno da parte della comunità internazionale sin dal suo annuncio. Nel corso del tempo il concetto ha via via acquisito importanza fino a diventare lo strumento chiave della politica estera cinese e un elemento importante della strategia di sviluppo economico.

Secondo la Vision and Actions on Jointly Building the Silk Road Economic Belt e la 21st-Century Maritime Silk Road (il Vision and Actions Plan) pubblicati nel 2015, le aree prioritarie di cooperazione tra i paesi della Belt Road includono il dialogo politico, lo sviluppo delle infrastrutture, la valorizzazione del commercio e degli investimenti, l'integrazione finanziaria e lo sviluppo di contatti interpersonali[25].

La cooperazione in queste aree stimolerà la crescita economica e porterà benefici multidimensionali per

---

[24] TARNAWSKI M., ZALESKI P., KOSTEKCA-TOMASZE-WSKA L., *Rola mocarstw w stosunkach miedzynarodowych*, Texter, Varsava, 2016.

[25] NATIONAL DEVELOPMENT AND REFORM COMMISSION, *Vision and Action on Jointly Building Silk Road Economic Belt and 21st-Century Maritime Silk Road*, 2015.

tutti i paesi coinvolti nel progetto. La Belt and Road Initiative è una risposta ai problemi economici interni della Cina ma è altresì un modo per promuovere lo sviluppo economico della Cina attraverso il miglioramento delle infrastrutture di Asia, Africa ed Europa e la creazione di legami commerciali tra tutti i paesi partner.

La Belt and Road Initiative ha il potenziale per produrre notevoli guadagni economici e politici per la Cina. Molti di questi sono stati dichiarati esplicitamente dalle autorità cinesi. La motivazione ufficiale alla base della Belt and Road Initiative è che la crescita economica e lo sviluppo del commercio internazionale possono essere accelerati attraverso una maggiore connettività e lo sviluppo delle infrastrutture contribuirà a ridurre i tempi e i costi di trasporto. C'è anche una serie completa di motivi economici cinesi più egoistici, tra cui la promozione del Renminbi (RMB) come valuta internazionale e lo sviluppo delle province interne cinesi impoverite. Vi sono poi dei potenziali vantaggi della BRI meno considerati. Questi obiettivi impliciti, comunque molto importanti per la Cina, includono: il sostenere la crescita economica, il garantire un accesso sicuro ai mercato di esportazione e alle risorse strategiche, la diversificazione dei mercati di esportazione, la promozione degli investimenti cinesi all'estero e la ricerca di uno sbocco per l'eccesso di capacità produttiva cinese.

L'obiettivo principale della BRI consiste tuttavia nel facilitare la connettività economica e promuovere un'integrazione economica molto più stretta in tutta l'Asia e tra l'Asia e l'Europa attraverso la connettività delle infrastrutture. Lo sviluppo delle infrastrutture è un obiettivo chiave della BRI ed è in gran parte un pre-requisito per un'ulteriore cooperazione efficace e miglioramenti della connettività. Il miglioramento della connettività implica la rimozione dei colli di bottiglia e la fornitura di collegamenti mancanti nelle rotte di trasporto esistenti, la costruzione di strutture portuali e il miglioramento delle operazioni intermodali[26].

La Cina mira a sviluppare non solo infrastrutture di trasporto (es. ferrovie, autostrade, ponti, erc.) ma anche infrastrutture energetiche (oleodotti e gasdotti, centrali elettriche, etc.) e infrastrutture di telecomunicazione in tutta la regione B&R, ciò al fine di facilitare la libera circolazione di merci, materie prime, informazioni e persone tra i paesi partner[27].

Collegando insieme tutte le economie della tangenziale e creando una vasta rete di infrastrutture in cui tutte le strade portano alla Cina, la Cina diventerà una

---

[26] ENRIGHT S., *One Belt One Road: Insights for Finland*, 2016.
[27] NATIONAL DEVELOPMENT AND REFORM COMMISSION, *Vision and Action on Jointly Building Silk Road Economic Belt and 21st-Century Maritime Silk Road*, cit.

parte centrale della BRI. Un'infrastruttura meglio sviluppata faciliterà gli scambi commerciali, migliorerà l'accesso ai mercati esteri per le merci cinesi e garantirà la sicurezza energetica attraverso la diversificazione delle fonti di importazione. Inoltre, lo sviluppo della rotta terrestre del progetto Belt and Road contribuirà a ridurre la dipendenza dell'economia cinese dal commercio marittimo.

La Cina vuole proteggere le vie di trasporto e le forniture energetiche creando la Via della seta marittima e costruendo nuovi gasdotti attraverso i paesi BRI. La Via della Seta Marittima consentirà di aumentare l'influenza della Cina sulle operazioni di navigazione e portuali in tutta la regione della tangenziale. Rotte alternative faciliteranno il commercio, mentre le infrastrutture energetiche eviteranno problemi con l'approvvigionamento di energia e risorse, di cui l'economia cinese ha bisogno.

Inoltre, in quanto potenza commerciale mondiale, l'interesse principale della Cina è garantire mercati per le sue merci, riducendone i costi di trasporto. La Cina cerca di accedere a nuovi mercati per mantenere una crescita stabile durante la sua transizione da un'economia guidata dalle esportazioni e dagli investimenti a un'economia più basata sui consumi interni e sui servizi. Al fine di migliorare le opportunità commerciali e di investimento, la Cina mira a ridurre le barriere commerciali e di investimento, ridurre i costi commerciali e di investimento e promuovere l'integrazione economica regionale[28]. Di conseguenza, si prevede che migliori collegamenti e agevolazioni commerciali e le conseguenti riduzioni dei costi di transazione aumenteranno il commercio internazionale e favoriranno la crescita economica sia della Cina che degli altri paesi lungo le rotte.

La Belt and Road Initiative offre anche l'opportunità di assorbire parzialmente la massiccia capacità industriale in eccesso della Cina in acciaio, cemento e altri input industriali perché la costruzione di nuove strutture di trasporto in Asia stimolerà la domanda per il materiale da costruzione cinese, i servizi delle imprese di costruzione e i manufatti di alto valore[29]. Si sottolinea, infine, che a finanziare il progetto espansionistico della Cina, questo potenzialmente traducibile nel dominio cinese sulle economie di molti paesi[30], sono di-

---

[28] *Ibidem.*

[29] EUROPEAN PARLIAMENT, One *Belt, Onr Road (OBOR): China's Regional Integration iniziative*, 2016.

[30] CZEREWACZ F.K., KONOPELKO A., *Regional Integration Process in the Commonwealth of Independent States: Economic and Politica Factors*, Springer, London, 2016.

verse fonti, tra le quali: il Silk Road Fund, l'Asian Infrastructure Investment Bank e la New Devolopment Bank[31].

---

[31] ADAROV A., *China's Belt and Road Initiative: opportunity or threat?*, The Vienna Institute for International Economic Studies, Vienna, 2018.

Relazioni UE-Cina prima e dopo le Vie della Seta

A partire dagli anni '70, le relazioni UE-Cina sono state caratterizzate da una serie di continui alti e bassi. Dopo la sua apertura nel 1979, la Cina ha ripristinato le sue relazioni con la maggior parte degli odierni Stati membri dell'UE, mentre la crisi di Tiananmen del 1989 e l'embargo sulle armi hanno portato ad alcuni anni di attriti, seguiti da una nuova fase di relazioni allargate, questa protrattasi per tutti gli anni '90[32].

All'inizio del XXI secolo, l'adesione della Cina all'Organizzazione mondiale del commercio (OMC) ha creato aspettative positive, tant'è vero che nel 2003 si è giunti al "partenariato strategico globale" tra Cina e UE e nel 2008, a seguito della crisi globale, si è assistito ad uno slancio nelle relazioni tra UE e Cina[33].

Dopo il collasso dei sistemi finanziari altamente interconnessi degli Stati Uniti e dell'UE, che ha portato a conseguenze catastrofiche per l'economia reale e ha creato un sentimento di forte incertezza tra istituzioni

---

[32] HOLSLAG J., *Explaining Economic Frictions Between China and the European Union*, Aggarval, Newland, 2015.

[33] *Ibidem*, p. 15.

finanziarie, aziende e investitori, la Cina ha rappresentato una grande opportunità, fornendo un grande mercato interno per l'Europa[34].

Ad oggi, l'UE, in quanto destinazione finale della BRI e mercato di esportazione chiave per i prodotti cinesi, riveste un'importanza strategica per il successo dell'ambizioso progetto cinese.

Tra i tanti paesi europei che hanno firmato accordi di cooperazione BRI, tra cui si menzionano l'Ungheria, il Lussemburgo e l'Italia, ve ne sono alcuni, Francia e Germania in primis, che hanno rifiutato di partecipare ufficialmente alla BRI, ciò alla stregua di ampie preoccupazioni espresse circa il progetto sponsorizzato dalla Cina.

La prima risposta significativa della Commissione europea alla BRI è arrivata nel 2015, anno in cui l'UE ha lanciato la "piattaforma di connettività UE-Cina[35], alla quale spetta il compito di migliorare la trasparenza, la reciprocità nell'accesso del mercato e la parità di condizioni per le imprese nel settore delle infrastrutture di trasporto e di rafforzare le sinergie tra progetti di connettività.

---

[34] *Ibidem*, p. 17.

[35] KUO M. A., *Assessing the EU-China-US Triangle*, in *The Diplomat*, 2019.

Nonostante questi sforzi nella definizione di un approccio comune per trattare con la Cina, la risposta dell'UE alla BRI riflette principalmente il suo scetticismo. Nell'ambito della preparazione dell'UE per un vertice UE-Cina nel luglio 2018, gli ambasciatori dell'UE a Pechino hanno redatto un rapporto, firmato da 27 Stati membri (ad eccezione dell'ambasciatore ungherese), che critica aspramente la BRI della Cina in quanto contraria all'agenda dell'UE per la liberalizzazione del commercio e fortemente orientata all'affermazione delle società cinesi sovvenzionate.

Nel settembre 2018, la Commissione europea ha pubblicato un piano "Strategia per collegare l'Europa e l'Asia" per migliorare il commercio e i legami economici e politici tra Europa e Asia. Ciò ha costituito un importante cambiamento nel suo approccio alla BRI ed è stata principalmente una risposta strategica al progetto, volta a promuovere un'alternativa europea all'approccio cinese[36].

Contrariamente alla BRI, l'iniziativa dell'UE vuole istituire un sistema internazionale basato su regole per i progetti di connettività basato su standard internazionali concordati e sulla sostenibilità del debito. Pertanto, mentre la Cina è accusata di condurre una "diplomazia della trappola del debito" attraverso rigorose condi-

---

[36] *Ibidem.*

zioni di rimborso del prestito, Bruxelles promuove accordi multilaterali che tengono conto della sostenibilità del debito e ricorre a meccanismi di finanziamento sia pubblici che privati[37].

In risposta alla strategia dell'UE, nel dicembre 2018 la Cina ha pubblicato il suo ultimo documento programmatico sull'UE, nel quale chiede di rafforzare le sue relazioni con l'UE sfruttando le sinergie esistenti tra la sua strategia di connettività UE-Asia e la BRI[38]. Il suddetto documento si è reso necessario per ribadire l'interesse della Cina per il mercato dell'UE, il tutto in un momento di stallo diplomatico e di generale mancanza di entusiasmo nell'UE per quanto riguarda il BRI[39]. A testimonianza di ciò, si sottolinea che dopo il vertice UE-Cina del 2018 nessun accordo commerciale è stato firmato tra Cina e UE.

Chiedendo all'UE di "evitare di politicizzare le questioni economiche e commerciali e garantire il progresso sostenuto, costante e vantaggioso per tutti delle

---

[37] BRATTBERG E., SOULA E., *Europe's emerging approach to China's Belt and Road Initiative*, Carnegie Endowment for International Peace, 2018.

[38] *China's Policy Paper on the European Union*, 2018.

[39] CHAN J., *What's New Abour China's Latest EU Policy Paper*, in *The Diplomat*, 2018.

relazioni economiche e commerciali Cina-UE", il documento programmatico mostra chiaramente il pragmatismo della Cina nell'affrontare il suo sviluppo economico piuttosto che politico.

Pur esprimendo il suo sostegno per "un'Europa unita, stabile, aperta e prospera", il documento afferma chiaramente che la cooperazione con la Cina è stata vantaggiosa per i tutti i paesi CEE, ciò al netto degli innumerevoli problemi politici che hanno ostacolato il successo dei progetti relativi alla BRI in questa regione[40].

---

[40] *Ibidem.*

CAPITOLO III

NUOVE MINACCE ALLA SICUREZZA NAZIONALE: TRATTA DI ESSERI UMANI ED IMMIGRAZIONE ILLEGALE

La difesa della sicurezza nazionale: individuazione delle minacce

Per definizione, lo scenario internazionale è un sistema anarchico, ovvero un sistema dove a vigere è il principio di autodeterminazione di ogni singolo Stato che lo compone. Per quanto concerne la sicurezza nazionale, ogni Stato appartenente al sistema internazionale è chiamato ad individuare quelle che sono le minacce a cui è esposto al fine di tutelare e proteggere quelli che sono i propri interessi nazionali.

Posto che le minacce variano a seconda del contesto geopolitico in cui ogni singolo Stato è inserito, ci preme sottolineare che una delle strategie per individuare quelle atte a ledere la sicurezza nazionale di ogni singolo Stato consiste nel metodo analitico della "catena di sicurezza" proposto da Camilli[41], il quale, facilita l'individuazione delle minacce mediante la suddivisione dell'interesse nazionale in diverse sottocategorie (livelli settoriali). Per mezzo di tale strumento è possibile individuare i valori-chiave interconessi che risultano essere vitali per lo Stato. Una volta individuati

---

[41] CAMILLI E., *Sicurezza Nazionale: tra concetto e strategia*, 2014. Consultabile sul sito: https://www.sicurezzanazionale.gov.it/sisr.nsf/wp-content/uploads/2014/03/Sicurezza-nazionale-tra-concetto-e-strategia-Edoardo-Camilli.pdf
42

questi ultimi, l'analista sarà in grado di analizzare le ipotetiche minacce atte a ledere la sicurezza nazionale.

Pur vivendo ogni Stato in un contesto geopolitico differente, è bene sottolineare che è possibile individuare valori-chiave comuni a qualsiasi Paese, ciò a prescindere dalla sua posizione geografica, dal suo regime o dall'estensione del suo territorio.

I valori-chiave comuni sono:

gli interessi politico-militari, i quali, possono essere minacciati da azioni lesive derivanti dal terrorismo (interno ed esterno), dalla criminalità organizzata, dai movimenti politici di carattere autoritario o totalitario e i conflitti convenzionali o ibridi;

gli interessi economici, i quali, possono essere compromessi sia dalle politiche interne che da quelle esterne;

gli interessi energetici, i quali, necessitano di essere tutelati poichè il settore energetico risulta essere determinante per il corretto funzionamento della maggior parte delle infrastrutture, ragion per cui è necessario difendere non solo le infrastrutture di produzione ma anche quelle di distribuzione che si trovano sia sul territorio nazionale sia su quello estero;

gli interessi tecnologici, i quali, necessitano di essere tutelati poiché lo sviluppo di nuove tecnologie incide nei settori sia dell'economica che della sicurezza e della diplomazia.

Un'aggressione rivolta ad una specifica sfera degli interessi nazionale non è detto che non abbia delle ripercussioni anche su altri settori ad essa legati. Basti pensare, a tal riguardo, che le questioni politiche possono impattare sull'economia e le questioni economiche possono impattare sul progresso tecnologico o sul settore energetico.

L'interconnessione tra le sfere di interessi può essere rappresentata tramite la "catena di sicurezza" (Fig. 1), la quale, mette al centro la sicurezza nazionale e ne limita l'applicazione ai soli interessi nazionali[42].

Suddetta catena ci permette, da un lato, di analizzare le minacce su diversi livelli, ovvero: *livello settoriale* (interessi politici-militari, economici, energetici e tecnologici) e *livello intersettoriale* (legami tra i differenti settori), il che implica accorgersi del fatto che un attacco diretto ad uno specifico settore abbia, tramite i suoi legami intersettoriali, delle ricadute anche sugli altri specifici settori; dall'altro, di porre un limite all'applicazione del concetto di sicurezza nazionale, andando quindi ad evidenziare quelli che sono gli interessi nazionali e, quindi, a favorire il compito dell'ana-

---

[42] *Ibidem.*

lista di concentrarsi solo e soltanto sulle minacce interne ed esterne che possono eventualmente ledere gli interessi nazionali[43].

Fig. 1 – *Catena di sicurezza*

Fonte: Camilli, 2014.

---

[43] *Ibidem.*

La tratta di esseri umani

Quello della tratta degli esseri umani è uno dei fenomeni che meglio attecchisce nei conflitti armati e in tutti quei contesti generalmente non sicuri. Tale fenomeno incide significativamente tanto sulla sicurezza quanto sulla dignità di una persona. Ma quali sono i fattori che lo determinano e favoriscono? Senza ombra di dubbio la fragilità statale, lo sfollamento forzato, la migrazione irregolare, la povertà, la discriminazione e l'assenza dello Stato di diritto sono i principali.

La tratta di esseri umani, a sua volta, è fonte di finanziamento per i conflitti armati o per l'estremismo violento, il che la porta a contribuire al rafforzamento dei conflitti e della fragilità statale.

Contro la tratta degli esseri umani, che ricordiamo essere sempre un crimine nei confronti di una persona e una violazione dei diritti umani, si è mossa sia l'ONU che l'Organizzazione per la sicurezza e la cooperazione in Europa (OSCE), le quali, hanno deciso di cooperare a livello politico ed operativo al fine di lottare efficacemente contro la tratta degli esseri umani. In tale scenario, la Svizzera assume un ruolo determinante in quello che è lo sviluppo di standard internazionali contro la tratta di esseri umani. A tal riguardo, il Dipartimento federale degli affari esteri (DFAE) si impegna a favore di una migliore cooperazione delle autorità svizzere con gli attori dei Paesi di provenienza delle vittime, arrivando a sostenere numerosi programmi per combattere il fenomeno della tratta di esseri umani.

Il primo accordo internazionale volto a prevenire, sopprimere e perseguire la tratta di esseri umani è stato il "Protocollo di Palermo"[44], nel quale, si stabilisce che il reato sussiste quando sono presenti contemporaneamente i tre seguenti elementi[45]:

azione (reclutamento, trasporto, trasferimento, alloggio e presa in consegna di esseri umani);

mezzo (violenza, inganno, minacce, sfruttamento dello stato di impotenza e costrizione);

scopo (sfruttamento sessuale, sfruttamento della forza lavoro e prelievo di organi).

---

[44] CASADEI T., *Diritti umani e soggetti vulnerabili: violazioni, trasformazioni, aporie*, Giappichelli, Torino, 2012.

[45] MATTARELLA A., BALSAMO A., TARTAGLIA R., *La Convenzione di Palermo: il futuro della lotta alla criminalità organizzata e transnazionale*, Giappichelli, Torino, 2020.

Strategia globale contro la tratta di esseri umani

La strategia globale contro la tratta degli esseri umani non è solo volta al perseguimento penale degli autori del reato ma anche al fornire aiuto e sostegno alle vittime di suddetto reato.

Prevenzione, perseguimento penale, protezione delle vittime e *collaborazione*: sono questi i quattro campi d'azione sui quali il sistema internazionale intende concentrarsi per la lotta contro la tratta di esseri umani[46]. Appare evidente che suddetti campi d'azione implichino un approccio articolato e multidisciplinare nella lotta contro il traffico e lo sfruttamento di esseri umani, oltre che la maggiore attenzione all'ambito della prevenzione e del contrasto del traffico dei minorenni, essendo questi maggiormente vulnerabili.

I quattro obiettivi di cui sopra sono perseguiti mediante le seguenti azioni:

incremento delle attività di sensibilizzazione e informazione dell'opinione pubblica, ciò al fine di far acquisire consapevolezza alla popolazione circa l'intollerabilità della tratta di esseri umani;

---

[46] Per un approfondimento si veda: UNITED NATIONS OFFICE ON DRUGS AND CRIME, *International Framework for Action To Implement the Trafficking in Persons Protocol,* United Nations Office, New York, 2009.

intensificazione del perseguimento penale degli autori del reato, ciò al fine di esercitare un effetto deterrente credibile contro la commissione di tali forme di reato;

incremento degli sforzi volti all'individuazione delle vittime e alle strategie di protezione degli stessi, ciò al fine di mitigare le conseguenze del torto subito e consentire alle vittime di esercitare i loro diritti e di reinserirsi nella società;

migliorare la cooperazione tra Stati, ciò in virtù del fatto che solo un approccio multidisciplinare, congiunto e coordinato è in grado di garantire risultati soddisfacenti nella lotta contro la tratta di esseri umani.

La portata mondiale del fenomeno ha favorito lo sviluppo di una moltitudine di standard e buone prassi, ognuno dei quali elaborati prendendo spunto dalla Convenzione delle Nazioni Unite contro la criminalità organizzata transnazionale del 2000.

Tali standard e tali prassi vengono adottati dai vari Stati sotto forma di raccomandazioni o mediante l'integrazione di essi in trattati internazionali (es. Convenzione del consiglio d'Europa sulla lotta contro la tratta di esseri umani).

L'immigrazione come possibile minaccia per la sicurezza

Negli ultimi anni, la migrazione internazionale si è fatta strada in prima linea nelle agende di sicurezza di diversi Stati, in particolare in Europa e in Nord America. La percezione dell'immigrazione come una minaccia alla sicurezza si è sviluppata parallelamente al rapido aumento di immigrati in tutto il mondo. Basti pensare, a tal riguardo, che nel 2020 si contavano 281 milioni di migranti internazionali nel mondo (+9 milioni rispetto al 2019)[47].

Nel senso più generale del termine, la sicurezza si riferisce all'assenza di minacce. L'approccio tradizionale alla sicurezza internazionale si è concentrato principalmente sulle preoccupazioni militari. Da questa prospettiva, lo stato è l'oggetto referente che necessita di protezione dalle forze minacciose, in particolare da quelle della guerra[48].

Tuttavia, gli studi sulla sicurezza nell'era successiva alla Guerra Fredda si sono allontanati dall'approccio incentrato sullo stato, ampliando la definizione di

---

[47] INTERNATIONAL ORGANIZATION FOR MIGRATION (OIM), *World Migration Report 2022*, Ginevra, 2022. Consultabile sul sito: https://publications.iom.int/system/files/pdf/WMR-2022.pdf

[48] KRAUSE K., WILLIAMS M., *Broadening the Agenda of Security Studies. Politics and Methods*, in *Mershon International Studies Review*, 40(2), 1996, 229-254.

sicurezza per includere una serie di potenziali minacce[49]. Barry Buzan, fondatore della Copenhagen School of security studies, sostiene che gli studi sulla sicurezza non dovrebbero concentrarsi solo sul settore militare, ma dovrebbero essere ulteriormente sviluppati per comprendere la sicurezza sociale, ambientale, economica e politica[50].

A causa dell'espansione del concetto di sicurezza, una moltitudine di questioni come quelle relative all'ambiente, alla povertà e alla migrazione internazione sono state etichettate come rischi o minacce alla sicurezza[51]. Per quanto concerne lo Stato come oggetto referente minacciato, si sottolinea che oggetti non statali come l'umanità, l'identità culturale e il sé individuale sono stati considerati in pericolo[52].

Volendo però interrogarci circa la possibile minaccia per la sicurezza rappresentata dall'immigrazione, ci

---

[49] LOHRMANN R., *Migrants, Refugees and Insicurity: Current Threats to Peace*, in *International Migration*, 38(4), 2000, 3-22.

[50] PEOPLES C., VAUGHAN-WILLIAMS N., *Critical Security Studies: An Introduction*, Routledge, London, 2010.

[51] LOHRMANN R., *Migrants, Refugees and Insicurity: Current Threats to Peace*, cit., p. 5.

[52] HUYSMANS J., *The Politics of Insecurity: Fear, Migration and Asylum in the EU*, Routledge, London, 2006.

preme qui sottolineare che essa è in realtà intesa come una minaccia costruita piuttosto che come un pericolo reale ed oggettivo.

Data l'estensione del fenomeno, è ovvio che l'immigrazione, oltre a porre una serie di sfide agli Stati di accoglienza, rappresenti una minaccia sia per la società che per l'economia e per la sicurezza interna e pubblica di un Paese. Tuttavia, non si tiene conto di alcune questioni.

Nello specifico, dal punto di vista sociale, l'immigrazione viene intesa come minaccia alla sicurezza sociale fintanto che gli immigrati minacciano l'identità culturale, linguistica, religiosa o nazionale dello Stato di accoglienza. Appare però evidente che il presunto pericolo dell'immigrazione per la sicurezza sociale di uno Stato non è una minaccia oggettiva e universale, ma piuttosto una minaccia soggettiva, dipendente dai modi in cui lo Stato ricevente definisce sé stesso[53]. Ad esempio, a fronte di alcuni Stati che potrebbero considerare il multiculturalismo indesiderabile, ve ne sono altri che potrebbero vantarsi della propria diversità culturale.

---

[53] WEINER M., *Security, Stability and International Migration*, in *International Security*, 17(3), 1992, 91-126.

Dal punto di vista economico, invece, si trascura il fatto che l'etichettare l'immigrazione come una minaccia alla sicurezza implica la non considerazione dei vantaggi che l'immigrazione può avere sullo sviluppo del paese di origine. Carr et al.,[54] ad esempio, sottolineano il concetto di "guadagno di cervelli", il quale, vede i paesi in via di sviluppo, da un lato, perdere lavoratori altamente qualificati a causa dell'emigrazione, dall'altro, guadagnare un gran numero di persone con maggiori competenze attraverso il processo di migrazione inversa. Sempre in termini economici, si trascura poi il fatto che l'immigrazione può avere un impatto significativo sull'economia dello Stato ospitante.

Per quanto concerne la sicurezza interna di un Paese, va poi sottolineato che l'immigrazione, specie dopo l'11 settembre 2001, è stata collegata al concetto di terrorismo, il che ha implicato inevitabilmente il suo essere considerata una minaccia alla sicurezza interna[55]. Nulla di più errato e deleterio, posto che la correlazione tra terrorismo e immigrazione, tra le altre

---

[54] CARR S., INKSON J., THORN K., *From Global Career sto Talent Flow: Reinterpreting Brain Drain*, in *Journal of World Business*, 40, 2005, 386-398.

[55] SPENCER A., *Linking Immigrants and Terrorists: The Use of Immigration a san Anti-Terror Policy*, in *The Online Journal of Peace and Conflict Resolution*, 8(1), 2008, 1-24.

cose, comporta l'alienazione, l'esclusione e la profilazione razziale degli immigrati, il che ha un effetto tangibile sulla società[56].

Infine, contrariamente alla diffusa opinione pubblica secondo cui l'immigrazione è una minaccia per la sicurezza pubblica, vi è poca o nessuna correlazione tra immigrazione e criminalità. L'atto di etichettare l'immigrazione come una minaccia alla sicurezza pubblica danneggia la società anziché proteggerla, posto che tale atto spesso si traduce in atteggiamenti xenofobi e razzisti, nell'esclusione di gruppi di immigrati e nella percezione dell'immigrato come "altro" o nemico immeritevole.

---

[56] ADAMSON F., *Crossing Borders: International Migration and National Security*, in *International Security*, 31(1), 2006, 165-199.

CONCLUSIONI

Nello scenario attuale, dove a farla da padrone sono minacce di diversa natura e derivanti da diverse fonti, la sicurezza è divenuta una priorità, un'esigenza per cui il ricorso a mezzi tecnici e militari volti a garantire l'inviolabilità dei diritti umani e la protezione delle vittime è ormai ritenuto necessario. Cosi come per la guerra, il concetto di sicurezza muta per contenuti e forme a seconda delle circostanze, ragion per cui risulta essere estremamente difficile definirne i confini. La sua dinamicità e complessità fa sì che esso si leghi ad ambiti differenti e implichi un approccio multidisciplinare, da quello sociologico a quello economico, da quello politico a quello tecnologico, etc.

Le molte minacce alla sicurezza ad oggi presenti esigono una risposta internazionale coordinata. Ecco quindi che la comunità internazionale è giunta alla definizione di strategie volte a garantire la sicurezza internazionale, l'inviolabilità dei diritti umani e la protezione delle vittime, il tutto a garanzia anche di quello che è il concetto di sicurezza nazionale, questo da intendere come concetto volto all'identificazione delle potenziali minacce, all'individuazione delle vulnerabilità del sistema-paese e all'elaborazione di una strategia d'azione efficace. Una strategia che, come abbiamo avuto modo di constatare, deve ambire anche alla sicurezza economica, quindi alla difesa degli interessi economici ed industriali.

A conclusione del presente lavoro, quindi, non ci resta che auspicare la piena collaborazione dei singoli Stati, nelle cui mani è messa non solo la sicurezza nazionale, alla quale si deve ambire per garantire la tutela dei propri interessi e il benessere dei propri cittadini, ma anche la sicurezza internazionale, posto che essa è subordinata allo sforzo e all'intento di ogni Stato di salvaguardare l'umanità.

BIBLIOGRAFIA

AA.VV., *Chemical, Biological, Radiological, and Nuclear (CBRN) Respiratory Protection Handbook*, Centers for Disease Control and Prevention, National Institute for Occupational Health and Safety, 2018.

ADAMSON F., *Crossing Borders: International Migration and National Security*, in *International Security*, 31(1), 2006, 165-199.

ADAROV A., *China's Belt and Road Initiative: opportunity or threat?*, The Vienna Institute for International Economic Studies, Vienna, 2018.

BONFANTI M.E., *La risposta a minacce di natura NBCR in Italia: norme, istituzioni e prospettive di sviluppo*, in *Federalismi.it*, 2015.

BRATTBERG E., SOULA E., *Europe's emerging approach to China's Belt and Road Initiative*, Carnegie Endowment for International Peace, 2018.

BUZAN B., *New Patterns of Global Security in the Twenty-First Century*, in *International Affairs*, 67(3), 1991, 152-159.

CAMILLI E., *Sicurezza Nazionale: tra concetto e strategia*, 2014. Consultabile sul sito: https://www.sicurezzanazionale.gov.it/sisr.nsf/wp-content/uploads/2014/03/Si-curezza-nazionale-tra-concetto-e-strategia-Edoardo-Camilli.pdf

CARR S., INKSON J., THORN K., *From Global Career sto Talent Flow: Reinterpreting Brain Drain*, in *Journal of World Business*, 40, 2005, 386-398.

CASADEI T., *Diritti umani e soggetti vulnerabili: viola-zioni, trasformazioni, aporie*, Giappichelli, Torino, 2012.

CHAN J., *What's New Abour China's Latest EU Policy Pa-per*, in *The Diplomat*, 2018.

China's Initiatives on Building Silk Road Economic Belt and 21-Century Maritime Silk Road, Xinhua News Agency, 2015.

China's Policy Paper on the European Union, 2018.

CRODDY E. A., WIRTZ J.J., LARSEN J.A., *Weapons of Mass Destruction. The Essential Reference Guide*, ABC-CLIO, New York, 2018.

CZEREWACZ F.K., KONOPELKO A., *Regional Integra-tion Process in the Commonwealth of Independent States: Economic and Politica Factors*, Springer, London, 2016.

DEIANA G., *Terra perduta, Terra ritrovata. Una costitu-zione mondiale per l'uomo planetario: il punto di svolta per il futuro dell'umanità e di tutti i viventi*, Mimesis, Milano, 2022.

ENRIGHT S., *One Belt One Road: Insights for Finland*, 2016.

EUROPEAN PARLIAMENT, One *Belt, Onr Road (OBOR): China's Regional Integration iniziative*, 2016.

HOLSLAG J., *Explaining Economic Frictions Between China and the European Union*, Aggarval, Newland, 2015.

HUYSMANS J., *The Politics of Insecurity: Fear, Migration and Asylum in the EU*, Routledge, London, 2006.

INTERNATIONAL ORGANIZATION FOR MIGRATION (OIM), *World Migration Report 2022*, Ginevra, 2022. Consultabile sul sito: https://publications.iom.int/system/files/pdf/WMR-2022.pdf

ISPRA, ARPAT, *Buone prassi per la tutela della salute e della sicurezza degli operatori del Sistema Agenziale impegnati nelle emergenze di origine naturale e/o antropica*, 2012, consultabile sul sito internet https://www.isprambiente.gov.it/files/pubblicazioni/manuali-lineeguida/Buone_prassi_impaginato.pdf

KRAUSE K., WILLIAMS M., *Broadening the Agenda of Security Studies. Politics and Methods*, in *Mershon International Studies Review*, 40(2), 1996, 229-254.

KUO M. A., *Assessing the EU-China-US Triangle*, in *The Diplomat*, 2019.

LAVALLE R., *A Novel, if Awkward Exercise in International Law-Making: Security Council Resolution 1540 (2004)*, in *NILR*, 2004.

LOHRMANN R., *Migrants, Refugees and Insicurity: Current Threats to Peace*, in *International Migration*, 38(4), 2000, 3-22.

MACCARELLI M., *D.Lgs. 230/1995 Radiazioni ionizzanti*, Certifico S.r.l., Milano, 2019.

MATTARELLA A., BALSAMO A., TARTAGLIA R., *La Convenzione di Palermo: il futuro della lotta alla criminalità organizzata e transnazionale*, Giappichelli, Torino, 2020.

NATIONAL DEVELOPMENT AND REFORM COMMISSION, *Vision and Action on Jointly Building Silk Road Economic Belt and 21st-Century Maritime Silk Road*, 2015.

PEOPLES C., VAUGHAN-WILLIAMS N., *Critical Security Studies: An Introduction*, Routledge, London, 2010.

REZNIKOVA N., *Ecological imperatives for extension of globalization processes: problem of economic security*, in *Інвестиції: практика та досвід*, 21, 2016.

SAN GIORGIO P., MILLENIUM C., *Cbrn. Surviving Chemical, Biological, Radiological & Nuclear Events*, Arktos Media Limited, London, 2020.

SPENCER A., *Linking Immigrants and Terrorists: The Use of Immigration a san Anti-Terror Policy*, in *The Online Journal of Peace and Conflict Resolution*, 8(1), 2008, 1-24.

TARNAWSKI M., ZALESKI P., KOSTEKCA-TO-MASZEWSKA L., *Rola mocarstw w stosunkach miedzynarodowych*, Texter, Varsava, 2016.

TERZOLO E.R., CARACCIOLO L., *Armi di distruzione di massa. Che cosa sono, dove sono e perché*, Riuniti, Roma, 2007.

TOSERONI F., *Protezione e difesa civile. Storia, organizzazione, pianificazione ed analisi delle minacce future*, EPC, Milano, 2009.

UNITED NATIONS OFFICE ON DRUGS AND CRIME, *International Framework for Action To Implement the Trafficking in Persons Protocol*, United Nations Office, New York, 2009.

WEINER M., *Security, Stability and International Migration*, in *International Security*, 17(3), 1992, 91-126.

www.ingramcontent.com/pod-product-compliance
Lightning Source LLC
Chambersburg PA
CBHW031427250726
48656CB00002B/867